Líricas de Ruptura

Laila Suzana

Dados Internacionais de Catalogação na Publicação (CIP)

(Câmara Brasileira do Livro, SP, Brasil)

Suzana, Laila

Líricas de Ruptura / Laila Suzana. -- 1. ed. -- Marechal Floriano, ES

Editora Demóstenes & Bertollo

ISBN 978-65-00-71317-6

1. Literatura Brasileira
2. Poesia

Índices para catálogo sistemático:

1. Literatura Brasileira
2. Poesia

Nota da Autora

Em contradições líricas, desabrochei. Fui a encontros voluptuosos com minha essência, delirei conscientemente, espero que a melancolia que me rege desperte você o seu melhor, ou pior. Apenas espero, não esperando, que desperte.

Laila Suzana

Sumário

Prefácio

Nas páginas de "Líricas de Ruptura", temos o privilégio de nos deparar com um universo poético intenso e delicado, um mergulho profundo nas emoções e nas complexidades da vida, guiado pela voz singular da escritora Laila Suzana. Este livro de poesias é uma jornada íntima, um convite para explorar as profundezas da alma humana e testemunhar os momentos de ruptura que moldam nossa existência.

Laila Suzana revela sua maestria ao entrelaçar palavras, criando versos que são verdadeiros fios condutores das emoções mais profundas. Sua escrita transcende o cotidiano e mergulha na essência dos sentimentos, levando-nos a refletir sobre o amor, a perda, a solidão, a esperança e a busca por significado.

Os poemas aqui reunidos são fragmentos da alma de Laila, expressões de sua jornada pessoal e das inquietações que a acompanham. Cada verso é como um suspiro compartilhado, uma confidência sussurrada ao leitor, que é convidado a imergir nessa atmosfera de introspecção e autodescoberta.

Ao ler "Líricas de Ruptura", encontramos uma escritora que mergulha nas profundezas do seu ser, confrontando suas próprias contradições e medos. Seus poemas são reflexões sinceras e corajosas sobre a fragilidade da existência, a perda de direção, a busca pelo sentido da vida e a força transformadora da esperança.

Cada poema, com sua linguagem intensa e imagens poderosas, nos envolve em uma teia de emoções, transportando-nos para os momentos de solidão, saudade, amor e luto que permeiam a experiência humana. Laila Suzana nos convida a compartilhar suas vivências, suas dores e suas alegrias, criando uma conexão profunda e íntima com o leitor.

Prefiro Estar Só

Estando só
Ouço minha voz
Estando só
Sinto a brisa do meu ser
Estando só
Não há decepção
Há apenas a saudade
Sou eu por mim
Sozinha
Não há regras
Não há modos
Não há postura
Apenas ideias e demônios
Sozinha
Vejo tudo com clareza
Ou
Me alieno cada vez mais
Não há barreiras
Não há impedimentos
Estou só
E assim, vou permanecer
Prefiro a solidão

A tentar calar meus defeitos

Perante a quem convivo

Prefiro estar só

A tentar entender um

conjunto de diferentes seres

Mantendo-se unidos

Por um útero em comum

Prefiro estar só.

Grades do Amor

Tu vens

Me enlaça com teu abraço

Me ilude com tuas palavras

Me prende com o "eu te amo"

Vai embora, afinal, já me tens nas mãos

Dias passam

Brota de mim uma raiva

Uma dor

Uma tristeza

É a hora de voltar e me cegar de novo

Te encontro outra vez

E meu sofrimento se esvai

Dias passam

Dessa vez, não podes fugir para me ver
Percebo então, que a dor, a raiva e a tristeza
Não são pela falta de ti, e sim
Pela necessidade de me livrar desse vício
Tentam me avisar
Que não deveria lhe ver outra vez
Para te esquecer de uma vez
Mas tu voltas
Me prende
Me falta coragem para lhe dizer adeus
Estou presa outra vez
Penso que posso estar lhe fazendo sofrer
Tanto quanto eu, porém
A considero uma ideia distante
Acredito que não possuo maturidade suficiente
Para lidar com a vida, sufocante
"Amar conhecendo é um dom único
e uma generosidade épica".

Leandro Karnal "O dilema do porco espinho, como encarar a solidão"

Tua Lírica

Venha doce paixão
Provoca-me excessos
Provoca-me o sentir
Traga contigo a real veemência da vida
Sou tua
Me tens nas mãos
Tenho espinhos
Pra sentir meu cheiro
Desvendar-me
Terá de se furar
Meu amado poeta
Curarei a ti
Curará a mim
Tu repararás em mim
O sangue derramado
Também em ti o repararei
Lirista do meu se levantar de pálpebras
Poeta de minhas projeções noturnas
Chame de sonho se quiser
Chame de sonho tudo o que quiser
Possuiremos para sempre
Aqueles segundos

Aqueles que não preciso
Lhe contar o que são
Pois já os conhece
Envelheceremos
O que chamamos de corpo
Se deformará
Nossos espinhos caíram
Estamos despidos de nós
Tornamos as sementes
Indefesos...
Frágeis...
Como me deixas assim?
Diga-me, para esvair meu sofrimento
Ou torná-lo suportável
Morreremos apenas uma vez
meu romântico
Esteja ao meu lado

Profanidades Românticas

Sinto-me estranha
Preciso escrever
Sobre ti
Tentar lhe descrever em palavras é tão inútil

Quanto tentar separar bem e mal
Me sinto só
Não por estar sozinha
Mas por estar sem você
Estranho
Me imaginei sozinha por toda a minha existência
Quem lhe deu o direito de entrar assim?
Sua falta traz desespero
Sua presença preenche
Seria você a volúpia da vida?
Me chame de louca, se quiser
Nosso amor existia antes de nós
Transcende corpo
Transcende consciência
Transcende tempo
De onde viemos é a pergunta correta
Tens razão meu amor
Não é possível que tenhas aparecido por acaso
Pois nem predestinação explicaria
Eu e você

Líricas de Paixão

Veja só que coincidência
Logo eu que não sonhava
Agora vivo um sonho
Seria um presente?
Mas presente de quem?
Acho que da vida
Não poderia ser um presente seu
Pois o presente é você
Terei que ter uma conversa muito séria
Com essa tal de "vida"
Me deu algo muito valioso
Será que ela percebe o que perdeu?
Bom, isso já não importa mais
Não vou te devolver nem que ela me implore
Me perdoe por esta expressão possessiva
Me empolguei, afinal
Falar de você é inconscientemente contagiante
Tenho um certo desespero para lhe expressar meu amor
Pois não cabe em um simples
"Eu te amo"
Você é muito mais do que um simples
"Eu te amo"

Você é constelação
É universo
É diferentes dimensões
Você, meu amor
É o tempo
Quando estamos envoltos
Passa veemente
Quando estamos distantes
Passa sem pressa
Quase parando
Mas agora lhe proponho um paradoxo
Me explique o motivo
De cada segundo do seu lado se tornar eterno
Que tipo de conexão é essa?
Nem eu mesma entendo
Mas, há algo bem claro para mim
Desejo o restante de meus dias ao teu lado
Eu te amo

Cartas de Amor

Tens o universo em teu olhar?
Ou o universo é que te tens?
Explica-me tal ser

A criação perfeita de Deus
Chamam-te Adão
Erraram
Chama-te ser humano
Nome em poema?
Sim, és especial
Mais que especial
Espacial...
Peculiar...
Extraordinário...
Incrível...
Tais palavras se tornaram comuns
Palavras tão fortes
Tão únicas
Tão representativas
Se tornaram pouco diante de ti
És composto de magia
Tens o corpo derivado de um amor proibido
Deus e o anjo caído
Teus olhos foram um presente das estrelas
Lhe deram o brilho mais poderoso de todo o universo
Tens o dom da sabedoria
Atena tem inveja de ti, meu amor
E eu?

Bom, tenho a sorte de poder chamar-te de meu bem

Meu amor

Entregas-te inteiro a mim

Serei eu a máquina que o desvendará?

Parece que poemas de amor são o meu forte

Devo isso a você

Afinal

Não há poema sem amor

Assim como não há luz da lua sem sol

Adão sem Eva

Cristo sem o cão

Estrela sem céu

Vida sem oxigênio

O cosmo foi planejado em pares

E o meu, é você

Boa Noite

Dói que dói

Me falta o conforto

Me falta o carinho

Me falta a raiva

Só me resta saudade

Saudade das brigas

Saudade da comida
Saudade da convivência
Saudade de você, mãe.
Dizem que só se dá valor quando perde
Obrigada, vida!
Entendi finalmente a importância de uma mãe
Eu ainda a tenho viva
Viva por mim
Viva pelos meus irmãos
Viva pela nossa família
Vivo com os que são família
Por que a minha família eu decidi deixar
Acredite, foi minha melhor decisão.
Não por viver melhor aqui
Mas sim
Por entender a falta e a importância que eles têm
Eu sinto muito a sua falta, mãe
E já peço desculpas pelas nossas futuras brigas
Boa noite!
Eu te amo!

Consumindo

Presa na cama
Com o peso do desejo
Com o desespero melancólico
Silencioso
Grito, choro
Meus gritos são da alma
O corpo em repouso
Em perdição
Maldito consumo
Suas blusas preenchem meu coração?
Meu buraco no peito?
Suas roupas salvam minhas atitudes inconsequentes?
Esse estilo tira essa dor de mim?
Perdida em pesquisa
Tentando ser a primeira
Na minha lista de desejos
Tentando superar a inveja
Tentando ignorar o coração
Retratando-me ao autoconhecimento
Sigo pesquisando lojas

Sigo me dizendo
"No fim do mês"
Sigo me prendendo ao capitalismo invejoso

Dominada

Em estado grave
Mergulhada em inveja
Absorta em viver o que já passou
Gritando por dias melhores
Sofrendo por antecedência
Tentando superar a raiva
A dor
O coração partido
A falta
O ódio
A inveja
Uma mistura de decepções
E um coração necessitando de carinho e paz

Afogada

Absorta em desespero
Clamando pelos dias de glória
Implorando por piedade
Empatia
O mundo chora comigo

A população grita constantemente
O som da produtividade
Além da demanda, cala todos
Ilude todos
Ao chegar em casa
O homem que anseia por dias melhores
Nem chorar consegue
Não temos tempo para expressar
Não temos tempo pra gastar
Minha vida sendo vendida a preço de bananas
E a melhora que nunca chega
E nunca melhora
Maldito capitalismo!
Sua sede por dinheiro me sufoca
Sua constância imparável
Tira um dos bens mais preciosos que pode existir
A vontade de viver
O direito de aproveitar a vida
O lado belo de que todos gostam de falar
Os instantes de felicidade
Instantes esses que não voltam e não se repetem
Maldito capitalismo!
Podres e pobres de espírito nos direcionam
O dinheiro os governa

E enquanto estiver viva
Nada mudará

Vitória Amanhã?

Essa rotina me consome
Destroçando ideias
Minimizando sonhos
O sistema ataca novamente
Visto preto
Visto dor
Visto cansaço
Me salva consumismo!
Me dê vontade de viver!
Torne meu dia a dia menos monótono
Torne o mundo melhor
A que se resume a vida do trabalhador?
A produzir
Receber
Sobreviver
A vida um dia já foi mais que isso?
O sistema corrói a esperança
E destrói a boa cultura
Precifica e vende

Vende

Vende

Produz mais

Sem qualidade

Sem necessidade

Compulsivamente

Sem pausa

E nós em meio a esse caos?

Somos obrigados a aguentar

Nada como um dia após o outro dia

Batalha hoje

Vitória amanhã

Será mesmo?

Boêmia

Beijo

Danço

Bebo

Noites de fuga

Noites de ilusão

Válvulas de escape

Para a realidade de um massacre constante

Adolescência

Não acabe
Não se vá
A fase da inconsequência e perdição
Tempo
Eu sei que você é relativo
Prometo tentar te fazer passar mais devagar
Mas essa rotina que te suga
Pode crê eu sei o quanto isso custa
Como será a vida futura?
Ainda terei momentos como estes?
Como boa brasileira
Tento evitar o pessimismo
Mas o sistema é foda parceiro
Sei que falo muito dele
E tudo permanece igual
A voz de um
Clara
Porém baixa
Baixa o suficiente para sequer ser notada na escola
É jovem moça, que você tenha forças pra continuar
Que você aprenda a conviver com o cansaço
Porque ele não vai mais passar
Dia 12 de junho de 2022
16 horas e 50 minutos

Põe se a entardecer mais um dia
Nublado
Chuvoso
Frio
Dando início
Mais uma vez
De maneira imparável
Inevitável
A mais uma semana capitalista

Garota

Mil folhas
Mil gotas
Milhões de segundos
Bendita seja
Seu pecado
Sua culpa
Banhado por sangue
Jorrando cicatrizes
Amaldiçoando sonhos
Criando apenas desilusões e traumas
Se esquivando dos segundos de felicidade
Evitando a paz

Se aliando ao pessimismo
Sonhando em ser aceita
Segue mais um mês
Tentando a cada dia ser melhor
Força, minha amiga
A vida é assim
Desilusões e decepções
Coberto de cansaço
Um cansaço tão intenso
Que as percepções se paralisam
E o que se pode fazer?

Chuva moral

Vidas gotejam
Vidas escorrem
Lágrimas caem
Poros se abrem
Seguimos dormindo separados
Sonhando com mais tempo
Ansiando pela presença física de ambos
Procuro alguém que me faça chorar de novo
De felicidade dessa vez
E falando nessa tal de felicidade

Você acredita mesmo nisso?
Felicidade é uma reação química do cérebro
Durando segundos
E a humanidade segue insistindo
Em felicidade eterna
Estado constante de alegria
Acorda!
Isso não existe
Você
Pobre
Nunca vai ser feliz constantemente
Isso é marketing
Acorda!
Seu direito a deliciar sua vida
Com coisas que valem à pena, não existe
E enquanto você estiver vivo, será assim
Não chora não
Não gosto de te ver chorar
Se bem que
Esse sistema maldito
Te tira até a liberdade de alívio
Te anestesia
Te dopa
E te emprega

Oferecendo-lhe o mínimo
Para sobreviver
Seja forte!
Existe muito trabalho
A se fazer ainda

Revolta de Poeta

São 21horas
Mais um dia se foi
Mais uma tarde exaustiva passou
Mais um dia de sofrimento se encerra
Meu salário pagará minha saúde?
Afinal
Esse ciclo é apenas para isso
Prejudica e oferece cura
Como um relacionamento abusivo
Te adoece
Te consola
Te tira o chão
Mas lhe dá asas
Praticamente quebradas para voar
Ou lhe dá ótimas asas
Por um valor maior
De trabalho
De número estampado num pedaço de papel
Sua fragilidade sendo explorada a todo instante
Não há escapatória
Nem a felicidade de poucos instantes
Que lhe dá impulso a continuar

Você não tem direito mais
Falando de direitos
Qual deles é garantido de verdade?
O salário?
Nem tempo para ir ao banheiro se tem
Uma necessidade comum a todo ser humano
Que lhe é tirada
Não se pode ir ao banheiro em paz
Até quando?
A massa trabalhadora vai aguentar?
Até quando?
Já somos apenas peças
Nossa existência já foi diminuída
Vocês já anestesiaram nossa consciência e busca por prazer
O que mais é preciso acontecer para que isso termine?
Eu não vou viver para ver mudança
E, infelizmente
Vou passar a vida
Submersa nesse sistema
Não há quem me salve
Não há quem evite
Você está aprisionado
E se não percebe esses mecanismos, agradeça!
Ainda há esperança para você

Ainda há chances de você sentir algo
Além do cansaço e esgotamento
Ou não!
Apesar de não entender
Você também é anestesiado
O capitalismo rege nossas relações amorosas
Nossas conexões familiares
Toda essa estrutura
Não é natural
Foi imposta pelo sistema
E apenas na morte, você é capaz de fugir
É capaz de descansar.

Jovens

Somos tão jovens
Tantos dias para viver
Tantos lugares a conhecer
Tanto...
Tanto...
Tantos...
A multiplicidade de possíveis vivências da juventude só acresce
O que me leva a uma pergunta
Seu tempo será suficiente para isso?

Jovens
A geração imediatista
A geração com elevados níveis de ansiedade
E a duplicidade rasa como definição da vida
Sucesso ou fracasso
Você jovem
Terá de escolher
Tens a vida pela frente
Mas será que lhe será possível viver instantes de felicidade?
Isso sem dúvida alguma acontecerá
Fique despreocupado
A real preocupação deve ser com a sua saúde
Mental e física
A indústria farmacêutica só tem ampliado sua produção
E caminhamos para uma realidade de pessoas dopadas
Atenção, jovem!
Cuide de você!
Cuide de você!
Cuide de você!
Estude!
Procure se especializar em algo
Qualidade de vida não virá de graça para você
Se esforce!
Mas não se iluda

Esforço não significa garantia
Por isso é preciso que além de esforçado
Você seja e esteja forte
Mesmo que não o tempo todo
É necessário se armar
De consciência
De estudo
Fatos e Ciência
Jovem!
Redes sociais são muito mais interessantes que um livro
Mas...
Um aplicativo não vai ampliar sua visão de mundo
Na verdade
Essas redes são prisões virtuais
Um ciclo do qual você não consegue fugir
E se não aprender a controlar
Será engolido
Estará à margem do sistema
Procure utilizar dessas ferramentas
De maneira mais enriquecedora
Nossa realidade não vai melhorar
Se não fizermos algo
Nossa geração terá de salvar o planeta
Não por escolha

Mas por imposição
E agora?
Não há como fugir dessa responsabilidade
E, logo você se encontra mais uma vez
Entre duas definições rasas da vida
A alienação
Ou o conhecimento
Jovem!
Cuide de você!

7 Dias

Ei, Anjinho!
Dedinho
Amigo
Irmão
Filho
Seu amor
Seu carinho
Sua compaixão e sua ternura
Jamais encontrarei igual
Jamais esquecerei de ti
Little finger
Queria com todas as minhas forças que fosse mentira
Você que me ensinou o que significa ser do bem
Ter um coração bom
A única crítica possível a você é essa
Sua dádiva e fardo
Um coração de ouro
Sua consciência hoje,
Não existe mais
Mas
Seu corpo encontrará novos lares

Salvará vidas!
Você
Durante toda a nossa convivência foi luz
Um verdadeiro exemplo
Um professor
Dizem que pessoas boas morrem muito cedo
Desisto de tentar encontrar um porquê
Talvez tenha sido melhor assim
Eu não gostaria de ver o mundo
Corrompendo sua pureza e bondade
Sua falta física me desespera
Mas você não deixa
E jamais deixará de mudar nossas vidas
Te carregarei para sempre
Te amarei para sempre
Afinal
Não teve sequer, um motivo que me levasse a algo
Que não o seja puro e sincero amor
Eu te amo, dedinho
Sua presença serena
Vai sempre morar no meu coração
E repito
Jamais será esquecido
Pelo menos não por quem teve a honra de te conhecer

E digo honra com veemência e fervor
Essas palavras nunca chegarão a você
Mas espero que toque a todos que te conheceram
Que expresse de alguma maneira
Parte do que você era
Pois tudo é impossível
É impossível tentar te resumir
Impossível tentar te rotular
Você foi uma infinidade de galáxias
Configurado por constelações
Esse poema não é pra você
É pra quem de agora em diante
Terá de viver sem você
Se o céu existe
O paraíso mais invejável possível lhe pertence
E se você olhar por nós
Só me faz um favor
Não deixe nunca
Que a alegria de lembrar, dos momentos contigo
Se tornem tristeza e dor.

Perdendo Constelações

Angústia
Vergonha
Me encontro enfrentando o ego
Rebatendo a ansiedade
Me pondo no controle
Tenho tanto autoconhecimento nesse momento
Espero que essa luz
Essa racionalidade abrasiva
Não se vá
Tenho 17 anos
Os cérebros
Terminam suas conexões só aos 25
Adolescente
A tão criticada adolescente
Vigiada o tempo todo
Pela própria consciência
Sem pares românticos
Sem amor
Tentando esquecer a dor
Um amigo morto
Que não morreu coisa nenhuma
Apenas sua consciência

Seu corpo foi recortado e doado
Se alinhando a outros corpos
Dedinho
Você olha por mim?
A dor de perder é tão avassaladora
Agora é mais fácil ter fé
Acreditar em Deus
Afinal
Aceitar que seu corpo nesse momento está apodrecendo
E nada de você
Além disso, está perto
Seu corpo está se desmanchando
Bem atrás do lugar para o qual você se atrasava todos os dias para chegar
Em prantos, suplico
Volta amigo!
Volta!
O trabalho exaustivo, já nem me comove tanto mais
O consumismo tem enfraquecido
E a saudade aumentado
Não penso em você o tempo todo
Mais quando lembro de ti
Sinto-me corroída
Quebrada

Estou cuidando mais de mim?
Posso afirmar isso?
Não, não!
Tenho me fechado
Cada vez mais
Nesse sentido, sim
Estou cuidando de mim
Mas, meu corpo
Não controlo meu pequeno vício
Flerto com novos
Mas está tudo sob controle
Sei o que é
Sei como parar
Só não o faço
Não espero por dias melhores
Tento ser o mais fiel a mim
Mesmo que mude todos os dias
Constantemente
Espero melhorar
Mas é difícil
Quando se quer
Se tem um objetivo que valha a pena o esforço

Cachinhos de Anjo

Fui te ver hoje
As flores murcharam
Logo menos, estarão completamente secas
O mesmo acontece com seu corpo
Nesse momento
Murchou...
A vida que o guiava
Esvaiu-se
As cores que o decoravam
Sumiram...
O sangue fluído
Estagnou
E você parou no tempo
A imagem de um grande amigo envelhecendo
Não vai ser criada
Lembrarei de ti, sempre desta maneira
Jovem!
Com brilho nos olhos
Gostaria de ouvir sua voz novamente
Pessoalmente
Seu túmulo tem as mais diversas cores
Decorando seu caixão

Era lindo
E você?
Apesar de não ser mais você
Ainda estava lindamente colocado e arrumado
Com uma das roupas que mais usava
Com as mãozinhas fazendo jus ao que você foi um dia
Eu sinto sua falta
Nem se eu escrevesse mil poemas sobre ti
Seria o suficiente para tirar de mim esse aperto no peito
Essa saudade avassaladora
Essa vontade louca de te abraçar...
De conversar...
Te ajudar, bêbado
Dançar com você
Ser feliz ao seu lado
Nada além da sua presença
Tirará essa dor de mim
Apesar de estar em um cemitério
A presença do seu corpo ainda é reconfortante
Mesmo que podre e vazio
Não há nada mais puro do que a beleza de lembrar da sua serenidade
Seu sentimentalismo
Para mim

Você deixou a dor...
A saudade...
Mas também, o cuidado
A valorização
As cores estão tão fortes no seu túmulo
E tão cinzas para o resto do mundo
Hoje é o sétimo dia de sua morte
Décimo segundo dia longe de você
Não tenho medo de te esquecer um dia
Tenho medo de você não estar olhando por mim
E sua existência simplesmente tenha acabado
É difícil demais, aceitar isso
Que sua vida acabou tão depressa
Dedinho, olha por mim!
Porque eu acho que nunca vou conseguir aceitar sua partida
Interroga por mim, amigo!

Amor Líquido

Corrói
Apaga
Despedaça
Tentando...
Tentando...

A lírica é mais abundante na dor
Assim como a dormência
A desilusão
E o tão famoso vazio
Despida e em profunda vulnerabilidade
Me encontro só
Perante a um interessado desinteressado
Que logo se torna desinteressante
Já desisti!
Já tinha acabado antes de começar
Você sequer vem me procurar
Não é uma grande paixão
É rasa e breve
Não vou implorar
Nem implodir para encaixar
Não quer!
Não quero!
Desisto!
A vida é muito curta pra sofrer por algo tão fútil
Como o sentimentalismo
Numa geração que se mostra desinteressada no amor
A minha geração
E a dele

Giro Capital

Corrompam-se!
Vendam-se!
A sobrevivência depende do quanto você irá sacrificar
A felicidade depende do quanto você é capaz de se entregar ao momento
A felicidade depende de conexões e liberações químicas
Dichava
Enrola
Ascende
Puxa
Prende
Solta
Estabilize-se
Acalme-se
Entregue-se ao conhecimento empírico
Entregue-se ao toque mágico
Explore poesias
Sua melodia
Repense suas atitudes
Análise atitudes alheias
Se entenda um pouco mais
Escreva

Se descreva
Sinta diferente
Seja diferente
Observe
E seja bom ouvinte
Conselhos de uma garota
Que ao levantar-se
Tomou seu bom café
Mastigou um pão caseiro
Concebido pelas mãos delicadas de sua mãe
Depende de você ouvi-la ou não
A garota *beatnik* de 2022

Vendida?

Adderall
Ritalina
Pílulas
Magia?
Rendimento
Proporcionam desenvolvimento
Como tomar?
Onde conseguir
Será que vai funcionar?

Essa necessidade de intelecto me proporcionará uma vida melhor?
Essa poesia singela é tão elogiada
Me renderá bons frutos?
Será que as expor, não me venderá?
Não me transformará num ideal a se seguir
Uma busca incansável
Um produto a ser posto em vitrines
Se for reconhecida não me arrependerei de tal?
Dúvidas...
Dívidas e medos...
Como superar?
Perguntas, que só o tempo responderá
Me obrigando a ter paciência
Contrariando o sistema
E seu funcionamento de produção desenfreada
O tempo é contra o neoliberalismo

Poça Rasa de Ilusões

Te espero
Aguardo
Anseio
Dúvida

Dívidas
Paixão
Medo
Medo
Medo
Será que vão te aprovar?
Será que isso vai durar?
Até quando vai continuar?
Estou com medo da sensação boa
E com mais medo ainda da pouca importância
Tão pouca que não te desperta sequer curiosidade
Não te leva a assistir
Consumir
Experimentar o que eu gosto
Você se demonstra interessado de algumas outras maneiras
Fotos
Puxa assuntos
De forma bem lenta
O que você já me alertou sobre ser
De sua personalidade
Mas será mesmo que é só isso?
Será que o problema não sou eu?
Pesquiso e consumo tanto
Sobre amor

Paixão
Manipulação e sinais do corpo
Que agora de que adianta
Não consigo ler você
Disse a moça depois de uma breve descrição
Tenho medo
De me entregar
Sofrer de novo
Do pouco tempo que vai durar
Medo!
Medo!
Bloqueio!

Só Sei que Nada Sei

Não consigo expressar
Não posso mais escrever
Perdi o norte
O foco
A visão de futuro
Tenho medo
Angústia
Ansiedade
Logo eu

Que busco e falo tanto de conhecimento
Não sei de nada
Nada
Agora o que escrevo é vago
Raso
Intimista
Pouco reflexivo
Relações
Compras
Dinheiro
Amigos
Felicidade
Estudo
Estudo
Estudo
Não consigo
Tenho milhões de visões
Milhões de futuros
O medo do fracasso
A depressão não diagnosticada
Buscando compreensão
Em prantos suplico
Me ajudem
Me deem um norte

Sozinha
Não consigo
A resposta eu tenho
A solução eu tenho
Como me obrigar a fazer?
Como me levantar?
Afundo em minhas ideias
Branco
O silêncio e solidão me corroem
O peso do futuro me adoece
De que adianta desacelerar o corpo
Minha cabeça não para
Fujo
Do luto
Do futuro
Aprecio o passado
Analiso-o
Paixão
00:57
Quase 1da madrugada
Mais só quase
Lembranças modificadas
Letras vazias
Palavras desconexas

Um emaranhado de distúrbios
E uma angústia quase insuportável
Imparável
Imorrível
Poesia
Ou letras ao vento
Genocídio particular
Com participação especial de demônios
Interlocutores líricos
E dó
Esperança de um dia contar dessa fase com orgulho
Ou como o grande início do fim
Inimigo da boa vida
Intimamente lhe suplico
Melhore!
Estude!
Tente!
Faça!
Busque ajuda
O subconsciente
Toma conta de meus dedos digitando
Enquanto a voz cerebral articula
Falhando
Como fazer sentido

Tento...

Tento...

E tudo se embaralha de novo

Por favor!

Durma!

Epifania

Desdém
Ansiedade
Tristeza e estresse
E tristeza de novo
E instantes de felicidade
Buscando preencher algo
Buscando menores dores aos que amo
Não abrindo mão da minha liberdade
Logo
Isolando-me do conceito família
Ao chorar
Choro sozinha
Esperneio
Grito
Faço uma linda cena
Uma verdadeira peça teatral
Imaginando enquanto libero minha tristeza
Um espectador
Que nunca aparece
Nunca tem cara
E nunca responde
Já meu ego

Faz a festa
Desdenha de minha atuação intimista
Mesmo que tal jamais chegue a alguém
Esse pequeno demônio me leva a sucumbir em vergonha
Mesmo que completamente sozinha
Voltando pra casa
Depois de um dia estressante
Cansativo
Repetitivo
Desanimador
Me encontro esgotada
Atuando
Vem-me a mente o ódio
Os mecanismos capitalistas
A sua cobrança inútil e imparável
Por produtividade
Maldita seja essa indústria nojenta
Tira a dignidade
O conhecimento
E infelizmente
A mais humana das características
O sentir

Decepção de Aniversário

Voltar
Tentar
Sinto que estou prestes a explodir
Só escrevo quando me sinto assim
Completamente frágil
Completamente exposta
Decepcionada de novo
Comigo
Com ele
Com saudade de um amigo
E medo persistente do futuro
Ultimamente tenho tido vontade de falar
Queria que alguém se interessasse o suficiente pra me ouvir
Eu ouço os outros o quanto posso e consigo
Esperando o mesmo
Nunca acontece
Ou
Sempre é desmerecido
Desvalorizado
Será que sou tão ridícula assim?
Só queria morrer nesse momento
Amanhã

Daqui a pouco é meu aniversário
Os tão esperados 18
E provavelmente o dia mais triste que tenho a um bom tempo
A completa decepção com todos que eu amo
E as lágrimas que a muito venho guardando
Finalmente se expondo
Encontro-me fragilizada
Um pós-operatório só lhe puxa para mais fundo
Devia ter feito outro dia
Estou tentando organizar minha vida
Ideias
Relações
Mais falho em tudo
Apenas trabalho direito
Não aguento mais esse esgotamento
E ninguém sequer se interessa em saber como é
Como foi
E como continuará sendo
O amor não funciona
Se você não souber amar com razão
E eu
Não sei o que fazer
É ele ou a solidão
Ele ou minha própria cabeça

Queria que ele se importasse
Valorizasse tanto quanto eu
Mais não é assim
E não vai passar a ser
Não ignore os sinais
Não insista
Apenas se vá.
Da sua própria vida
Ou apenas da dele
Tentarei a minha
Para pelo menos tentar te reencontrar
Amigo
Essa semana completaram 2 meses
A vida é tão estranha
Todos parecem bem
E parece que você não morreu
Ainda não consigo conceber direito
Mais as moscas no seu túmulo
Causaram-me um bom choque de realidade
E tiraram meu chão
Expuseram-me ainda mais
As minhas dores
E me devastaram de vez
Eu te amo

Pra sempre
Falo de você em todas as minhas composições
E dado momento
Lágrimas escorrem de meus olhos
De dor
De falta
De necessidade
Tenho me sentido muito burra
Influenciável
Frágil
Talvez por estar me entregando
A uma paixão que vai fracassar
Você gosta de se autossabotar, né?
Gosta da dor
Desses minutos de pura reflexão e tristeza
De produção
Rendimento
Mesmo que nunca vá mostrar a alguém
Apenas despejando um turbilhão de pensamentos
Sentimentos
Ideias
Você é sua própria luz
Sua própria destruição
Sua única persona

E suas memórias nojentas
Repugnantes
Envergonháveis
Dignas de um suicídio
Que apesar de ser desejo
Nunca chega
E não se concretiza
Boa noite
São 23h38min
Aos 00:00 seus tão esperados números irão chegar
E aí você vai dormir
Depois de chorar
Isso é um até logo
Menina confusa
Feliz aniversário!

Fugindo do escuro

É que eu sou timidamente extrovertida
Aos escuros azuis
Meu amor
Ao vermelho pigmentado
Meu sangue estancado
Num roxo aveludado se fez poesia
E o corte da navalha já não cicatriza mais
Apenas se rompe
Aquela melodia me transborda
Transporta
As lágrimas do passado
Um sutil adeus
As lástimas do futuro
Um até breve
As personas que me regem
Fujam
Fujam de mim
Fujam de si
Estou louca
Estamos loucas
Verdadeiras mulheres
Corram

Tropecem
Pelejem no caminho
Mas continuem
Já não sou de mais ninguém além de mim
E me pertencer
Já não rege liberdade
Se minhas asas tenho que bater
Já não consigo fazer
Se meu futuro tenho que escrever
Ah!
Que pena que eu tenho de você!
Estúpida personagem fútil
Tão medíocre índole
Falsos valores
Pródigos pesadelos
Me despeço nas cores
E fujo de você
Garota perdida
Não fomos viajar
Tome para si migalhas de presente
Talvez galhos secos também lhe sirvam
Afinal
De graveto em graveto
O cachorro enlouquece de felicidade

E o cabelo enrolado?

Ah!

Pura poesia

Maldição maldita

Perdi-me de novo

Nesse chão de barro enlameado

Capturei-me

Por que não corri mais rápido?

Agora já não sou eu

Assim como antes

Onde também não era

Apenas fuja

Antes que a poesia embarace seu cabelo

Encha teu peito

E dilacere teu coração

Caminhe pelas sombras

Tenha medo da luz

O imprevisível vem do escuro

O óbvio da claridade

Saudades de Clarisse

Quando deleitaremos um bom café amargo numa tarde de terça-feira?

Aguardo-te prima Lispector

Laila Suzana 2023

www.ingramcontent.com/pod-product-compliance
Lightning Source LLC
Chambersburg PA
CBHW040744170726
48282CB00023B/127
* 9 7 8 6 5 0 0 7 1 3 1 7 6 *